AF302941

SANTÉ & BIEN-ÊTRE

GÉRER LES CRISES D'ANGOISSE

Techniques pour se débarrasser des attaques de panique

Par Maïlys Charlier
Sous la direction de Céline Faidherbe

Quelles sont les conséquences qu'entraîne l'angoisse sur notre comportement ?

Éviter les situations qui déclenchent une crise d'angoisse, est-ce la solution ?

Quel est le meilleur traitement pour contrer les crises d'angoisse ?

L'angoisse peut-elle se guérir par médication ?

GÉRER LES CRISES D'ANGOISSE

TECHNIQUES POUR SE DÉBARRASSER DES ATTAQUES DE PANIQUE

- **Problématique ?** Imprévisibles, les crises d'angoisse peuvent tétaniser un individu et devenir récurrentes et donc handicapantes. Dès lors, comment gérer ces crises d'angoisse ?
- **Objectifs ?** Trouver un moyen de ne plus être victime des crises d'angoisse et diminuer son trouble anxieux.
- **FAQ**
  - Comment faire face à quelqu'un qui fait une crise d'angoisse ?
  - Stress et angoisse, est-ce la même chose ?
  - Peut-on guérir d'un trouble anxieux ?
  - Quelles sont les conséquences qu'entraîne l'angoisse sur notre comportement ?
  - Éviter les situations qui déclenchent une crise d'angoisse, est-ce la solution ?

- Quel est le meilleur traitement pour contrer les crises d'angoisse ?
- L'angoisse peut-elle se guérir par médication ?

À ne pas confondre avec le stress, souvent dû à un événement particulier (examen, entretien d'embauche, etc.) ou une anxiété temporaire (accouchement, mariage, etc.), l'angoisse est une anxiété persistante et intense (qui se loge souvent dans le ventre et/ou la poitrine) pouvant mener à des attaques de panique ou crises d'angoisse. L'angoisse se caractérise par une peur irrationnelle générale. Ces crises d'angoisse sont un véritable trouble psychologique et peuvent être traitées de différentes manières selon la personne et selon son degré d'anxiété.

L'anxiété généralisée est une peur sans cause réelle qui se caractérise par un sentiment d'insécurité globale. Ce trouble touche 4 à 7 % de la population et est particulièrement difficile à diagnostiquer, étant donné le nombre important de symptômes différents. De plus, les symptômes de la crise d'angoisse pourraient s'apparenter à une maladie physique (douleurs gastriques, difficultés respiratoires, tachycardie, etc.). C'est pourquoi le diagnostic ne se fait parfois que plusieurs mois, voire plusieurs années, après l'apparition des premiers symptômes.

Imprévisibles, les crises d'angoisse gâchent la vie des malades qui subissent une anxiété permanente, tapie dans l'ombre, prête à surgir à tout moment. Bien souvent, la personne évite les situations qui pourraient provoquer ces crises d'anxiété. Dans 50 % des cas, la personne atteinte d'un trouble anxieux entre alors dans un cercle sans fin où elle évite de plus en plus de situations pouvant provoquer une crise. Elle s'isole socialement et, dans de nombreux cas, tombe en dépression.

QU'EST-CE QUE L'ANGOISSE ?

LES SYMPTÔMES D'UNE CRISE D'ANGOISSE

La première étape dans le traitement de l'anxiété est tout d'abord de prendre conscience de cette angoisse, reconnaître les signes annonciateurs et pouvoir identifier les symptômes. Il est aussi important de différencier le stress (temporaire) de l'angoisse. Une situation exceptionnelle peut provoquer du stress, alors que l'angoisse est déclenchée par des événements bien précis et récurrents. D'où l'importance pour chacun de prendre conscience des facteurs de risque et des situations propices à l'angoisse.

Les symptômes d'une anxiété généralisée peuvent être nombreux et sont diffus : palpitations cardiaques, accélération du rythme cardiaque, douleurs thoraciques, difficultés respiratoires, hyperventilation, douleurs à la nuque, maux de tête, vertiges, malaises, tensions musculaires, difficultés d'endormissement, éveils fréquents, cauchemars, fatigue intense, bouche sèche, lourdeurs d'estomac, boule dans la gorge, problèmes intestinaux, diminution de la libido, etc.

Outre les symptômes physiques, la crise d'angoisse se caractérise souvent par différents sentiments : peur de mourir, sentiment de catastrophe immédiate, peur de perdre le contrôle de soi, peur de s'évanouir, peur de devenir fou, peur pour son entourage proche, etc.

LES CAUSES DE L'ANGOISSE

L'angoisse prend sa source à différents endroits. Il est donc difficile de déterminer quelles sont les causes exactes de son angoisse tant elles peuvent être multiples : événements traumatisants (décès, séparation, etc.), héritage génétique (un déséquilibre des neurotransmetteurs, par exemple), dépression, phobie, ou encore le fait de grandir dans un environnement angoissant ou d'être entouré de personnes angoissées. Les mécanismes qui provoquent une crise d'angoisse tirent leur origine de différents facteurs biologique, psychologique, génétique ou encore médical (cardio-respiratoire). Ainsi, l'angoisse peut naître d'une névrose ou d'un processus névrotique (un conflit intérieur entre le désir et l'interdit ou le rejet pour un même objet).

La consommation de certaines substances chimiques (lactate de sodium, dioxyde d'azote, etc.), excitants (taurine, caféine, etc.) ou psychotropes (cannabis, cocaïne, etc.) pourrait également agir comme élément déclencheur de crises d'angoisse.

LE RÔLE DES PENSÉES NÉGATIVES

L'un des facteurs de l'angoisse est sans aucun doute les pensées négatives que notre cerveau est capable de ruminer pendant des heures. Souvent, ces pensées sont intrusives et obsessionnelles. L'angoisse et les pensées ruminantes s'alimentent chacune à leur tour : l'angoisse amène les ruminations, et les pensées négatives créent ou amplifient l'angoisse. Ainsi, le phénomène peut être sans fin si l'on n'arrête pas le cercle vicieux.

La difficulté avec ce phénomène, c'est de casser ce cercle angoisse-pensées ruminantes, tant l'angoisse peut nous aveugler et nous faire perdre contact avec la réalité. En effet, la personne qui souffre d'un trouble anxieux perd rapidement le contrôle sur ses pensées ruminantes.

LES PREMIERS GESTES EN CAS DE CRISE D'ANGOISSE

Le premier geste à avoir lorsqu'on est victime d'une crise d'angoisse est de se concentrer sur sa respiration. Si l'état de panique est tel qu'il est impossible de pratiquer un exercice de respiration, contentez-vous de porter toute votre attention à chaque inspiration et expiration. Après quelques minutes de respiration concentrée, votre mental et votre corps seront déjà plus calmes.

Ensuite, il y a lieu de ne pas entrer dans le cercle des pensées négatives. Si vous avez déjà été victime d'une crise d'angoisse, vous savez que vous n'allez pas en mourir et vous savez ce qu'il se passe. Dites-vous que cela va passer, que ce n'est « que » de l'angoisse et que, sous peu, la crise sera terminée. Essayez de vous tourner vers des pensées positives tout en vous rassurant sur votre état actuel.

Prendre conscience de son angoisse

Il est primordial de prendre conscience de son angoisse, de reconnaître les signes qui mènent à la crise d'angoisse (difficultés à respirer, accélération du rythme cardiaque, bouffées de chaleur, sueurs froides, douleurs abdominales, douleur dans la poitrine, etc.), de se rendre compte quelles situations sont les plus propices à l'angoisse chez vous (une phobie, une peur liée à un mauvais souvenir, une fatigue intense, etc.) et, enfin, d'être attentif aux symptômes.

Identifier les éléments déclencheurs

Lorsque l'angoisse est omniprésente jusqu'à mener à des crises d'anxiété à répétitions, mieux vaut commencer un travail d'introspection afin d'identifier quels sont les éléments qui déclenchent ces crises d'angoisse et d'où provient cette angoisse.

Pour vous aider à prendre conscience de celle-ci et d'identifier quels sont les éléments liés à votre angoisse, discuter avec votre entourage proche peut s'avérer utile. Si vous ne vous rendez pas compte des moments où vous êtes angoissés, eux pourront certainement le dire pour vous. À vous alors de faire les liens et d'identifier quelles sont les situations récurrentes qui génèrent cette angoisse.

ENVISAGER UNE THÉRAPIE AVEC UN PROFESSIONNEL

Si votre anxiété est profondément ancrée en vous et provient d'un traumatisme ou que votre angoisse est difficilement gérable, plusieurs types de thérapies peuvent vous convenir et vous aider à combattre autant votre anxiété généralisée que vos phobies.

Outre l'approche psychanalytique classique, il existe d'autres approches thérapeutiques telles que la thérapie cognitivo-comportementale ou les thérapies brèves comme l'EFT (Emotional Freedom Technique), EMDR (Eye Movement Desensitisation and Reprocessing), etc. À chacun de trouver l'approche qui lui convient le mieux.

De courte durée, la thérapie cognitive et comportementale (ou TCC) est très efficace dans le traitement des troubles anxieux. La thérapie cognitivo-comportementale va tout d'abord permettre d'observer et d'analyser les symptômes anxieux, ce qui aidera le psychothérapeute à déterminer quels sont les schémas de pensées négatives qui provoquent de l'anxiété chez le patient. Ensuite, il utilisera différentes techniques comportementales en fonction du degré du trouble et des symptômes du patient. Progressivement, accompagné du psychothérapeute, le patient sera exposé aux circonstances qui l'effraient ou déclenchent ses crises d'angoisse. Petit à petit, les symptômes lui paraîtront moins menaçants jusqu'à ce qu'ils disparaissent complètement.

D'autres thérapies brèves ont fait leur apparition plus récemment. Bien que critiquées, ces thérapies sont utilisées par de nombreux patients, qui témoignent de leur efficacité.

L'EMDR, par exemple, est une technique de « désensibilisation et reconditionnement à l'aide de mouvements oculaires » (OSWALD (Pierre), « Troubles anxieux », in *medipedia.be*) principalement utilisée pour les symptômes de stress post-traumatiques. Cette méthode va conduire le patient à se remémorer des souvenirs traumatisants tout en reproduisant les mouvements latéraux des yeux qui ont lieu pendant que l'on rêve. Le but est d'aider notre inconscient à encaisser le traumatisme et ainsi se libérer de l'angoisse liée à celui-ci.

Quant à l'EFT, c'est une technique qui a pour but de gérer les émotions négatives telles que la peur, l'angoisse, le stress, la tristesse, la colère, etc. Fondée en 1993 par un ingénieur américain du nom de Gary Craig (né en 1940), l'EFT se pratique par la stimulation de points situés sur le trajet des méridiens (des canaux du corps) tels que répertoriés par la médecine chinoise (acupuncture). Cette méthode vise à éliminer les perturbations du système énergétique grâce aux effets du tapotement des méridiens.

LES DIFFÉRENTES TECHNIQUES POUR SE DÉBARRASSER DES CRISES D'ANGOISSE

Si la médication est le premier réflexe et, surtout, la solution la plus efficace sur le court terme, il existe bien d'autres moyens plus naturels de combattre ses angoisses. La prise d'anxiolytiques et d'antidépresseurs, qui doit toujours se faire en consultation avec un médecin, n'est qu'une solution temporaire. En effet, une fois que l'on arrête le traitement, les crises d'angoisse refont surface dans la plupart des cas.

Étant donné que chaque personne développe son angoisse de différentes manières et que l'angoisse de chaque individu provient de causes différentes en fonction de son vécu, son héritage et autres, il existe différentes façons de se libérer de cette angoisse. Si certaines techniques sont universelles comme la respiration, la méditation ou encore le sport, l'efficacité des autres méthodes varie en fonction de chaque individu. À chacun de tester ce qui fonctionne pour lui et ce qui le débarrasse plus ou moins rapidement de ses attaques de panique.

LA RESPIRATION

La première manière de gérer au mieux une crise d'angoisse est la respiration. En pleine crise d'angoisse, on respire mal, on se laisse dépasser par son souffle, on peut aller jusqu'à avoir une quinte de toux. Reprendre le contrôle sur votre respiration vous permettra de ralentir votre rythme cardiaque et d'apaiser graduellement votre esprit.

Le premier réflexe à avoir en cas de crise d'angoisse est donc de concentrer toute son attention sur sa respiration. Prenez conscience de chaque sensation provoquée par chaque « mouvement » de respiration : le souffle dans vos narines, dans votre gorge, les mouvements de votre ventre quand celui-ci s'emplit ou se vide d'air, la dilatation de vos poumons, le bruit de votre respiration.

Pour mieux anticiper la gestion d'une crise, il vaut mieux s'entraîner à quelques exercices de respiration. Commencez par la respiration abdominale pour bien maîtriser la technique de base. Si vous vous êtes bien entraîné(e), il vous sera plus facile de pratiquer cette respiration en cas de crises et vous serez mieux préparé(e) à affronter une période de grande anxiété.

Il existe différentes techniques de respiration qu'il est possible de travailler en prévision d'une attaque de panique. De plus, ces exercices de respiration vous permettront de mieux vous détendre.

- **La respiration contrôlée :** elle consiste à compter tout le long de l'inspiration. À l'expiration, comptez le même nombre qu'à l'inspiration. La difficulté de l'exercice est de maintenir une respiration régulière. L'idéal est de compter jusqu'à six. Vous pouvez même aller jusqu'à neuf si vous y arrivez.
- **La respiration abdominale :** facile à pratiquer, cette respiration a un effet quasi immédiat sur notre stress. Comme pour la respiration consciente classique, on commence par prendre conscience de sa respiration. Ensuite,

on inspire par le nez pendant quelques secondes en gonflant son ventre. À l'expiration,
on vide son ventre en le rentrant le plus possible. Après cinq respirations abdominales, on
respire à nouveau normalement, et ainsi de
suite.

- **L'*Ānāpānasati*** (ou attention sur le souffle) :
cette technique de respiration est utilisée en
méditation indienne *Vipassanā*. Elle consiste à
faire une pause entre chaque inspiration et expiration en portant son attention sur chaque
mouvement respiratoire.

- **La respiration alternée** (ou respiration
Prāṇayāma) : exercice respiratoire issu du yoga,
la respiration *Prāṇayāma* dissipe vos angoisses
en quelques minutes. Cette respiration est
composée d'une suite d'inspirations appelées
« *puraka* », d'expirations dites « *rechaka* » et de
rétentions du souffle nommées « *kumbhaka* ».
L'idée est d'alterner chaque cycle de manière
équivalente pour instaurer un rythme entre
ces différentes étapes.

- **La cohérence cardiaque** : la cohérence
cardiaque est une méthode de respiration
qui diminue le stress et permet un meilleur
contrôle du rythme cardiaque. Dans la pra-

tique, elle consiste à effectuer six inspirations et expirations par minute pendant une durée de cinq minutes, ce qui veut dire que chaque inspiration et expiration dure cinq secondes chacune. Les expirations et inspirations doivent avoir la même durée et s'alterner sans faire de pause. La difficulté de l'exercice est que simultanément, lorsqu'on alterne inspiration et expiration, il faut aussi décontracter de manière consciente des zones du corps, à commencer par le visage, la langue, la gorge, les mains, le diaphragme et les pieds.

LA MÉDITATION ET LA PLEINE CONSCIENCE

En cas de troubles anxieux, la méditation va permettre à l'individu de mieux maîtriser ses émotions, et donc son angoisse, ainsi que de calmer son flux de pensées négatives. La méditation permet de se détacher et de prendre du recul face aux pensées négatives et parasites. Grâce à la méditation, l'anxiété et le stress vont diminuer tandis que votre sommeil va s'améliorer. De plus, l'acte de méditer active le cortex préfrontal gauche, qui est associé aux émotions positives.

D'après les recherches de Svea et Arist von Hehn, auteurs de *La pleine conscience. Apprendre à méditer au quotidien !*, méditer nous permet d'être en meilleure santé : la relation à son propre corps évolue, les émotions et douleurs physiques sont mieux supportées, le système immunitaire est renforcé, le stress diminue et la gestion de celui-ci s'améliore.

Méditation et pleine conscience peuvent aller de pair. Si la pleine conscience consiste à ramener son attention sur l'instant présent et à se focaliser sur ses sensations, la méditation en pleine conscience est tout simplement l'acte de porter son attention sur l'instant présent, y examiner les pensées et émotions qui nous traversent et les laisser filer sans essayer ni de les contrôler ni de les analyser. Dès lors, la méditation en pleine conscience est une technique pour atteindre l'état psychologique qu'est la pleine conscience.

Afin de la pratiquer, asseyez-vous le dos bien droit en position du lotus (jambes croisées sur les cuisses, le dos et la tête bien droits, les mains posées sur les genoux, les genoux touchant le sol) dans une pièce calme et concentrez-vous sur votre respiration. Chassez vos angoisses, les problèmes quotidiens et laissez passer vos pensées pour prendre conscience des moindres détails de votre respiration.

Avec un peu de pratique régulière, il est également possible de mettre en application la méditation en action. Lorsqu'une crise d'angoisse pointe le bout de son nez, la méditation en action vous permettra de garder le contrôle et de ne pas vous laisser envahir par l'anxiété et son flux de pensées négatives.

Le principe de la méditation en action est simple : il s'agira de méditer au travers d'activités quotidiennes, c'est-à-dire de maintenir une vigilance et une pleine conscience sur ce que l'on est en train de faire. Dans le cas d'une crise d'angoisse, la méditation en action peut aider à se concentrer sur sa respiration et ainsi calmer l'individu victime d'une attaque de panique.

LE SPORT

Le sport est un excellent moyen de se débarrasser du stress ou de l'angoisse et d'améliorer son état de santé général. Exercer une activité physique vous aidera à évacuer les mauvaises énergies et à vous défouler. Aussi aurez-vous un meilleur sommeil, et par conséquent, serez-vous moins prédisposé(e) à l'anxiété. La pratique d'un sport permet également d'avoir un apport en sérotonine et en dopamine, qui permet d'éviter la dépression et de réguler l'humeur.

L'HOMÉOPATHIE

Dans son guide sur l'homéopathie, le Dr Dominique-Jean Sayous définit l'homéopathie comme une substance médicamenteuse capable de produire « des troubles pathologiques » (Sayous (Dominique-Jean), *L'homéopathie. Tous les remèdes pour guérir en douceur les maux du quotidien*, Paris, Eyrolles, 2014, p. 18) chez quelqu'un en bonne santé, mais aussi de « guérir des troubles analogues » (*ibid.*) chez une personne malade. L'homéopathie fonctionne selon le principe de similitude, c'est-à-dire que l'on choisit le remède qui, pris à forte dose (toxique), donne les mêmes symptômes chez quelqu'un de sain.

Pourtant, il semble difficile de donner un remède précis concernant les crises d'angoisse, puisque celles-ci se déclenchent pour des raisons différentes et se manifestent autrement d'un individu à un autre. Un homéopathe peut néanmoins vous prescrire un remède personnalisé, adapté à vos angoisses et vos comportements, car, comme le souligne l'auteur, l'homéopathie se veut holistique, c'est-à-dire qu'elle prend en compte le patient comme personne dans son ensemble. L'homéopathe ne va donc pas s'arrêter aux symptômes pour lesquels le patient le consulte – comme c'est le cas en médecine classique –, mais va s'intéresser au contexte psychologique, au mode de vie et à l'historique du patient.

LA SOPHROLOGIE

La sophrologie, qui se fonde sur plusieurs pratiques, telles que l'hypnose, la phénoménologie, le yoga, la méditation et la relaxation, est une discipline de développement personnel qui permet de mieux gérer son stress, d'avoir une meilleure confiance en soi et de trouver un équilibre harmonieux.

La pratique de la sophrologie s'articule autour de quatre axes : l'écoute du corps, la gestion du stress, la confiance en soi et les valeurs de la vie. Grâce à la pratique d'exercices articulés autour de ces quatre pôles, la sophrologie va permettre d'améliorer considérablement la qualité de vie de la personne souffrant de troubles anxieux.

LES TECHNIQUES DE RELAXATION

Comme son nom l'indique, la relaxation est idéale pour calmer son stress et son angoisse. Différentes techniques de relaxation vont vous aider à mieux gérer le stress et l'anxiété au quotidien.

- **La relaxation musculaire progressive :** cette technique, qui consiste à contracter un muscle après l'autre, peut vous aider à gérer votre anxiété sur le long terme. L'exercice se pratique allongé, le plus détendu possible. Commencez par contracter votre main, puis votre avant-bras puis relâchez le tout. Remontez progressivement vers le haut du corps en contractant et relâchant chaque muscle. Procédez selon l'ordre suivant : bras droit, bras gauche, mâchoire, visage, nuque, épaules, poitrine, bassin, jambes et pieds. L'important est avant tout de bien prendre son temps pour chaque muscle afin de relâcher toutes les tensions du corps.
- **La relaxation par la respiration :** cette tech-

nique de relaxation à l'aide de la respiration, qui consiste à se concentrer sur sa respiration, à inspirer lentement et profondément et à prendre plusieurs minutes pour respirer calmement, a un effet bénéfique immédiat sur notre état de relaxation. Après quelques minutes de pratique, la personne est beaucoup plus détendue.

- **La relaxation classique** (ou relaxation par autohypnose) : cette méthode de relaxation se pratique allongé(e) confortablement sur le sol (ajoutez une couverture pour vous couvrir si vous vous savez frileux). Imaginez que votre corps est lourd, de la pointe de votre crâne jusqu'au bout des doigts. Vous serez rapidement envahi par un état de relaxation maximale.

- **La relaxation par la musique :** il est possible de s'aider à se relaxer grâce à l'écoute de musiques spécialement conçues à cet effet. Les caractéristiques de cette musique de relaxation (que l'on utilise aussi dans la pratique de la méditation) sont la longue durée des morceaux ainsi que les rythmes lents et répétitifs. Bien souvent, ces musiques sont instrumentales et puisent leurs inspirations dans la musique classique, la musique sacrée, la musique mini-maliste et la musique d'ambiance.

LES FLEURS DE BACH

Développées par le Dr Edward Bach (médecin britannique, 1886-1936) au début du XXe siècle, les fleurs de Bach (macérations alcooliques de plantes dit « élixirs floraux ») peuvent aussi aider à surmonter l'angoisse. On peut les acheter en pharmacie et parapharmacie, ainsi que dans la plupart des magasins bio. Il existe une série de combinaisons afin de composer une préparation florale (élixir obtenu à partir des pétales de fleurs) efficace pour chaque cas particulier.

- Pour ce qui est des phobies et du traitement immédiat d'une attaque de panique, il existe Rescue Remedy, un mélange composé et inventé par le Dr Bach à partir de différents élixirs (Star of Bethlehem, Rock Rose, Clematis, Impatiens et Cherry Plum) : il est souvent conseillé pour les phobiques de l'avion, mais fonctionne pour tous types d'attaques de panique.
- Plusieurs fleurs de Bach sont indiquées dans le traitement contre les angoisses : Chicory,

Rock Rose, Aspen, Star of Bethlehem, Sweet Chesnut.

- Pour ce qui est de l'angoisse exagérée pour son entourage, la crainte du pire pour les autres, le Red Chestnut est conseillé.
- Pour les peurs diffuses, les fleurs de Bach suivantes sont efficaces : Aspen, Pine Apple, Rock Rose, Sweet Chestnut, Valériane.
- Quant aux peurs inexplicables et récurrentes, Aspen, Heather et Mauves sont préconisées.
- Mimulus et Sauge sont associés aux peurs précises (par exemple, les phobies) et Rock Rose à la panique et à la terreur.
- Pour combattre le stress quotidien, plusieurs fleurs de Bach sont efficaces : Agate, Impatiens, Lavande, Nicotiana, Vervain, Vine et Water Violet.

LE YOGA

Il existe différents styles de yoga, mais tous ont pour points communs : la méditation, la respiration et la pleine conscience. De nombreux exercices de méditation, de respiration et de pleine conscience sont intégrés dans la pratique régulière du yoga, mais aussi dans la pratique du tai-chi (art martial chinois), des Pilates ou encore du qi gong (pratique corporelle chinoise basée sur la maîtrise de l'énergie vitale).

La pratique du yoga aide l'organisme à se détendre, l'esprit à se calmer et améliore le bien-être de la personne. Par l'attention portée aux mouvements du corps, le yoga réduit les pensées anxiogènes. Sans concentration, il est impossible de réussir ses positions de yoga. C'est par cette concentration de pleine conscience que le corps et le mental parviendront à se détendre et le système nerveux à s'apaiser. La respiration particulière exigée dans la pratique du yoga complète ce travail de relaxation.

Pour un meilleur résultat et une relaxation sur le long terme, il y aura lieu de pratiquer le yoga de façon régulière, c'est-à-dire au moins une fois par semaine.

LE TRAINING AUTOGÈNE

L'entraînement autogène est une technique de relaxation thérapeutique développée par le médecin et psychiatre allemand Johannes Heinrich Schultz (1884-1970) au début du XXe siècle. Cette technique de relaxation, aussi appelée méthode de relaxation par autodécontraction concentrative, permet d'apaiser le stress et l'anxiété.

Composée de cinq phases (pesanteur, chaleur, organique, cœur et respiration), cette méthode exige de maîtriser chaque phase avant de passer à la suivante. Ainsi, concrètement, la première semaine est consacrée à un entraînement basé sur la sensation de lourdeur. La seconde semaine sera ciblée uniquement sur la sensation de chaleur, et ainsi de suite. Chaque phase se pratique en position allongée, les bras le long du corps, les jambes jointes, les pieds tournés vers l'extérieur et les mains à plat.

- **Pesanteur.** Il s'agit de visualiser tous les muscles en train de se relaxer tout en ressentant l'impression de lourdeur, de pesanteur de la partie du corps sur laquelle vous portez votre attention.
- **Chaleur.** De la tête au pied, visualisez mentalement une impression de chaleur dans chaque partie du corps, l'une après l'autre.
- **Organique.** Portez votre concentration sur vos organes internes : l'estomac, les intestins, les poumons, etc. Essayez de ressentir la chaleur

dans ces organes et de détendre chacun d'eux.

- **Cœur.** Concentrez-vous sur votre rythme cardiaque sans essayer de le contrôler.
- **Respiration.** Comme lors d'une séance de relaxation classique, concentrez-vous sur votre respiration jusqu'à ce qu'elle soit lente et détendue.

Une fois que toutes ces phases sont maîtrisées, il est alors temps de procéder à une séance en combinant chaque phase l'une après l'autre afin d'atteindre un état de relaxation intense.

LA MUSIQUE

La musique adoucit les mœurs, c'est bien connu. Écouter de la musique pour se relaxer et apaiser son angoisse, cela ne fonctionne pas pour tout le monde. Si vous êtes sensibles à la musique, vous pouvez vous aider en prenant le temps d'écouter des artistes ou des titres qui vous font du bien, vous aident à penser à autre chose ou vous relaxent, tout simplement. L'écoute de la musique peut également vous aider à vous concentrer sur autre chose, à vous couper des éléments (ou pensées) perturbateurs et à détourner votre attention de l'angoisse. Choisissez votre style musical avec soin, car votre état émotionnel variera en fonction de ce dernier. Par exemple, si vous écoutez de la musique classique, vous serez plus calme et détendu que si vous écoutez du métal.

Un bon moyen d'utiliser la musique est d'isoler les instruments les uns des autres, concentrez-vous sur le son de la guitare, le grattement et le rythme des cordes, passez ensuite aux rythmes de la batterie, ensuite le son reconnaissable de la basse et essayez de les dissocier complètement de l'ensemble musical. Cela vous aidera à vous concentrer et donc à vous éloigner de votre état d'anxiété.

AUTRES TRUCS ET ASTUCES

Les aliments qui aident à lutter contre l'anxiété

Il existe quelques aliments qui aident à combattre le stress quotidien. Ces substances protectrices sont les fibres (contenues dans les haricots rouges, les cacahuètes, les lentilles, les framboises, etc.), les sucres lents (dans du pain complet, des flocons d'avoine, des patates douces, etc.) et les poissons (riches en oméga 3). D'autres aliments, plus spécifiques, peuvent également être bénéfiques :

- les amandes, riches en fer, zinc et acides gras, luttent contre la fatigue cérébrale et, en conséquence, préviennent une baisse d'énergie et la montée de l'angoisse ;
- fruit aux multiples bienfaits, les myrtilles sont riches en antioxydants, qui aident à combattre l'anxiété ;
- certaines plantes comme la camomille et la valériane ont des effets bénéfiques sur l'anxiété. Une petite tisane à la camomille ou des gélules de valériane le soir avant d'aller dormir devraient calmer votre angoisse pour la nuit.

Les compléments alimentaires

Il existe de nombreux compléments alimentaires qui agissent contre les angoisses et l'anxiété.

- Le magnésium aide à surmonter le stress. Ainsi, si vous êtes en carence de magnésium, votre organisme aura plus de difficultés à combattre l'anxiété. Une cure de 20 à 30 jours suffit à combler cette carence.

- La consommation d'oméga 3 est aussi efficace pour lutter contre les angoisses. L'apport journalier recommandé est de 500 mg, soit deux repas de poissons gras par semaine. Les oméga 3 se trouvent également dans les huiles végétales (colza, soja, noix), les noix, les graines de lin, le cresson, les choux et les épinards.
- L'acide gamma-aminobutyrique, plus communément appelé GABA, est un neurotransmetteur clé dans la gestion du stress. Une quantité trop faible de GABA dans le corps peut se traduire par une nervosité plus grande. Cet acide se trouve dans plusieurs aliments tels que les brocolis, les noix, les agrumes ou encore les bananes. L'apport journalier recommandé est de 3 g pour un adulte.

Proscrire les excitants

Lorsqu'on souffre d'anxiété, il vaudra mieux éviter certains produits stimulants tels que l'alcool, les boissons énergisantes, le café ou encore le tabac. En effet, la nicotine, la caféine et la taurine ont pour effet d'accélérer le rythme cardiaque et d'exciter le système nerveux, ce qui rend le risque de crise d'angoisse plus grand.

Penser positif

Pour se calmer, rien de tel que de penser à des choses positives. Portez votre concentration sur ce qui vous rend heureux, ce qui vous apaise, et chassez les pensées négatives qui vous assaillent et tournent en boucle dans votre esprit.

Prenez soin de votre sommeil

L'angoisse fatigue, et les crises d'angoisse surviennent plus facilement lorsqu'on manque de sommeil. Pour éviter de tomber dans ce cercle sans fin, prenez garde de dormir en suffisance. Faites des siestes si vous en ressentez le besoin.

FAQ

COMMENT FAIRE FACE À QUELQU'UN QUI FAIT UNE CRISE D'ANGOISSE ?

Lorsque vous êtes face à quelqu'un qui est victime d'une attaque de panique, il faut avant tout rester calme pour ne pas lui transmettre un stress supplémentaire. Si vous vous trouvez au milieu d'une foule ou dans un espace confiné, faites de la place autour de la personne ou éloignez-la pour l'emmener dans un endroit où elle aura plus de facilité à respirer. Ensuite, faites-en sorte de rassurer la personne en crise de panique, faites-lui comprendre qu'elle est en sécurité et qu'elle ne risque rien avec vous. Aidez-la à se concentrer sur sa respiration, ce qui la calmera rapidement et dissipera la crise d'angoisse.

STRESS ET ANGOISSE, EST-CE LA MÊME CHOSE ?

Le stress et l'angoisse sont légèrement différents. Plutôt apparenté à un événement exceptionnel (mariage, examen, entretien d'embauche, grossesse, etc.), le stress ne conduit pas nécessairement à l'angoisse et à ses attaques de panique. Moins visible que le stress, l'angoisse n'a pas de causes réellement identifiables et reste présente de manière permanente, ce qui peut être trompeur tant pour l'entourage que pour la personne victime de cette anxiété généralisée, puisqu'elle n'est pas visible et que sa source n'est pas facile à trouver.

PEUT-ON GUÉRIR D'UN TROUBLE ANXIEUX ?

Il est difficile de parler de guérison dans le domaine des troubles anxieux. Cependant, lorsqu'elle est traitée, l'angoisse n'est plus un problème pour la personne, qui arrive à contrôler son anxiété et à éviter les crises d'angoisse même lors de moments de détresse et de stress. Si toutefois la personne est à nouveau victime d'attaques de panique, elle possède les clés pour désamorcer celles-ci et s'en défaire rapidement.

QUELLES SONT LES CONSÉQUENCES QU'ENTRAÎNE L'ANGOISSE SUR NOTRE COMPORTEMENT ?

Être angoissé(e) n'a pas que des effets au niveau de notre santé et de notre sommeil. L'angoisse agit également sur notre caractère et notre comportement. Une personne angoissée peut développer des complexes, de la psychorigidité et des phobies. L'angoissé(e) aura alors un comportement différent, pourra devenir agressif/ve, colérique ou hyperactif/ve.

ÉVITER LES SITUATIONS QUI DÉCLENCHENT UNE CRISE D'ANGOISSE, EST-CE LA SOLUTION ?

Lorsqu'on est victime de sa première attaque de panique, le premier réflexe est d'éviter dans un futur proche la situation qui a déclenché cette crise. Cette solution d'urgence ne peut être que temporaire parce que si l'on commence à éviter une série de situations qui pourraient déclencher une crise de panique, on risque de facilement glisser dans un engrenage et d'ajouter sans cesse de nouvelles situations sur la liste des « situations à éviter » ; à terme, on finit par s'empêcher de vivre. La personne victime de troubles anxieux risque alors de s'isoler de plus en plus.

QUEL EST LE MEILLEUR TRAITEMENT POUR CONTRER LES CRISES D'ANGOISSE ?

Étant donné que les causes d'une anxiété généralisée sont différentes pour chaque personne, il est impossible de donner un traitement type qui fonctionnera pour tout le monde. Chaque traitement sera donc adapté à chaque personne en fonction de son vécu, des causes de ses crises d'angoisse et de ce qui fonctionne le mieux pour elle. À chaque individu de trouver les solutions adéquates qui le soulageront de ses attaques de panique. Toutefois, la respiration et la relaxation sont deux facteurs essentiels à ne pas négliger afin de mieux contrôler son angoisse.

L'ANGOISSE PEUT-ELLE SE GUÉRIR PAR MÉDICATION ?

Les anxiolytiques et antidépresseurs – à ne prendre qu'en consultation avec son médecin – ne sont qu'une solution temporaire, une solution d'urgence aux crises d'angoisse en attendant d'en savoir plus sur les causes de cette anxiété et de trouver un meilleur traitement adapté à la personne atteinte d'un trouble anxieux. La médication ne peut être un bon traitement à long terme puisque les effets de celle-ci sont temporaires. Dès que l'on stoppe la prise de médicaments, les symptômes (et le problème) refont immédiatement surface.

Votre avis nous intéresse !
Laissez un commentaire sur le site de votre librairie en ligne
et partagez vos coups de cœur sur les réseaux sociaux !

POUR ALLER PLUS LOIN

SOURCES BIBLIOGRAPHIQUES

- CHAPELLE (Cindy), *Le petit livre de la sophrologie*, Paris, Editions First, 2016.

- « Crise d'angoisse : comment s'en sortir ? », in *stress-solution.fr*, 21 mai 2017, consulté le 25 septembre 2017. http://stress-solution.fr/crises-dangoisse-comment-sen-sortir/

- FERRIS (Paul), *Le guide des fleurs du Dr Bach*, Paris, Marabout, 2013.

- OSWALD (Pierre), *Comprendre et traiter les troubles anxieux*, Bruxelles, ViVio, 2013.

- OSWALD (Pierre), « Le trouble d'anxiété généralisée », in *medipedia.be*, consulté le 25 septembre 2017. https://fr.medipedia.be/troubles-anxieux/formes/le-trouble-anxiete-generalisee

- OSWALD (Pierre), « Troubles anxieux », in *medipedia.be*, consulté le 16 novembre 2017. https://fr.medipedia.be/troubles-anxieux/traitements/autres-therapies

- SAYOUS (Dominique-Jean), *L'homéopathie. Tous les remèdes pour guérir en douceur les maux du quotidien*, Paris, Eyrolles, 2014.

- SCHNEIDER (Claire), « Cinq techniques pour
  apprivoiser ses angoisses », in *marieclaire.fr*,
  28 août 2017, consulté le 25 septembre 2017.
  http://www.marieclaire.fr/,5-techniques-pour-ap-
  privoiser-ses-angoisses,20254,21360.asp

- VON HEHN (Svea) et VON HEHN (Arist), *La pleine
  conscience. Apprendre à méditer au quotidien !*,
  Freiburg, Haufe-Lexware GmbH & Co. KG, 2015.

SOURCE COMPLÉMENTAIRE

- SERRURIER (Catherine), *Apprivoiser son angoisse*,
  Paris, Editions Desclée de Brouwer, 2008.

www.50minutes.fr

Éditeur responsable : Lemaitre Publishing
Avenue de la Couronne 159 | BE-1050 Bruxelles
info@lemaitre-editions.com

ISBN ebook : 978-2-8062-6759-7
ISBN papier : 978-2-8062-6760-3
Dépôt légal : D/2017/12603/832
Photo de couverture : © drubig-photo. Fotolia.com

Conception numérique : Primento,
le partenaire numérique des éditeurs.